Englisch sprechen - Einfacher geht's nicht!

Reise-Englisch für Anfänger

- ☑ Englisch sprechen ohne Vorkenntnisse
- ☑ Perfekt für die Reise
- ☑ Alle wichtigen Situationen auf einen Blick
- ☑ Unkomplizierte Lautschrift
- ☑ Perfekt für Anfänger und Wiedereinsteiger

Reise-Englisch für Anfänger
Anja Carter
Colchester
Großbritannien

www.englischsupereinfach.com

Copyright © 2010 Anja Carter

2. Auflage September 2010

ISBN: 9783839179642

Herstellung und Verlag: Books on Demand GmbH, Norderstedt

Konzept, Text, Redaktion: Anja Carter
Illustration Buchdeckel: Korchagin Maksim © Fotolia
Mitarbeit/Unterstützung: Angelika Wegehaupt, Ann Carter,
Gernot Oesch, Mark Carter, Michaela Grosse und Josephin Grosse

Haftungsausschluss:
Die Texte und Redewendungen in diesem Buch wurden sorgfältig
recherchiert und bearbeitet. Für den Fall eventueller Fehler,
Unvollständigkeiten oder entstandener Schäden können weder Verlag
noch Autorin Verantwortung übernehmen.

Bibliografische Information der Deutschen Nationalbibliothek:
Die Deutsche Nationalbibliothek verzeichnet diese Publikation in der
Deutschen Nationalbibliografie; detaillierte bibliografische Daten sind im
Internet über dnb.d-nb.de abrufbar.

INHALT

Haben Sie sich auch schon geärgert, dass Sie kein oder nur wenig Englisch sprechen können? Oder vielleicht haben Sie vor Jahren Englisch in der Schule gelernt und jetzt wo der nächste Urlaub im englischsprachigen Ausland bevorsteht, können Sie sich kaum an die wichtigsten Sachen erinnern? Aber Zeit für einen Auffrischungskurs haben Sie auch nicht ...

Wäre es nicht klasse, wenn man einfach so drauf los reden könnte? Ohne Angst nicht verstanden zu werden und ohne langes Auswendiglernen? Ab sofort können Sie es! Mit diesem Buch geht es ganz einfach!

Dieser Sprachführer bereitet Sie auf die wichtigsten Reisesituationen vor. Alle Kapitel sind übersichtlich gestaltet und die englischen Worte so in der Lautschrift geschrieben, wie man sie deutsch aussprechen würde. Sie brauchen also nur zu lesen, um verstanden zu werden.

Zudem würde ich Ihnen empfehlen, ein kleines Notizbuch bei sich zu tragen, in dem ein englischsprachiger Gesprächspartner etwas aufschreiben kann, denn oftmals versteht man das geschriebene Wort besser als das gesprochene. Auf der letzten Seite finden Sie eine einfache Aufforderung dazu, die Sie einfach nur vorzeigen brauchen.

Also, haben Sie keine Scheu vor dem Englischsprechen. Lesen und reden Sie mit Hilfe dieses Buches einfach drauf los. Und das Beste: Je mehr Sie lesen und sprechen, desto schneller prägen sich die Redewendungen ein. Was wollen Sie mehr ...

Aufbau des Buches

Jedes Kapitel behandelt die wichtigsten Redewendungen, die in diesen Situationen vorkommen könnten. Zum Beispiel behandelt das Kapitel "Flugzeug" Themen die im Flugzeug, als auch am Flughafen vorkommen könnten.

Alle Redewendungen sind in übersichtlicher Tabellenform dargestellt. Die erste Spalte stellt jeweils das deutsche Wort oder den entsprechenden Satz dar, die zweite Spalte die englische Übersetzung und die dritte Spalte die Lautschrift.

Die dritte Spalte ist die wichtigste, denn die englische Aussprache ist oft anders als Sie es im Deutschen aussprechen würden. Zum Beispiel ist der Bus nicht "Bus" im Englischen, sondern ausgesprochen "Bass":

DEUTSCH	ENGLISCH	AUSSPRACHE
Bus	Bus	**Bass**

Englische Aussprache

So sinnvoll die internationale Lautschrift auch ist, vielen Leuten fällt es schwer, mit dieser die englischen Worte richtig auszusprechen. Deswegen benutzt dieses Buch eine Lautschrift, die die englischen Wörter so schreibt, wie man sie im Deutschen aussprechen würde. So sollten Sie auf jeden Fall verstanden werden ...

Allerdings gibt es in der englischen Sprache einige Laute, die für Deutschsprachige sehr schwer auszusprechen sind. Zum Beispiel das "Th". Der Trick hierbei ist, die Zungenspitze hinter die oberen Schneidezähne zu legen und beim Ausatmen die Zungenspitze leicht über die Zähne hinauszuschieben. Aber keine Sorge, auch wenn Sie es wie ein "S" aussprechen, wird man Sie verstehen. Der Einfachheit halber ist das "Th" im Buch auch als "S" in der Lautschrift dargestellt.

Falls Sie dennoch gern mehr über die englische Aussprache erfahren möchten oder diese erlernen, probieren Sie doch einfach das Aussprachetraining unter:

www.englischsupereinfach.com

Sprechen Sie Deutsch?	Do you speak German?	**Du ju sspiek Dschörmen?**
Ich spreche nur sehr wenig Englisch.	I only speak a little bit of English.	**Ei onlie sspiek e littel bit of Inglisch.**
Könnten Sie das bitte wiederholen?	Could you please repeat that?	**Kudd ju plies riepiet sät?**
Könnten Sie das bitte aufschreiben?	Could you please write this down?	**Kudd ju plies reit sis daun?**
Hallo	Hello	**Hello**
Auf Wiedersehen	Good Bye	**Gudd bei**
Ja	Yes	**Jess**
Nein	No	**No**
Bitte	Please	**Plies**
Danke	Thank you	**Sehnk ju**
Entschuldigen Sie	Excuse me	**Ixkjus mie**
Entschuldigung	Sorry	**Ssorrie**

Auskunft

Wo ist …?	Where is …?	**Wer is …?**
- die Touristen-information	- the tourist information	**- sä turist informehschen**
- der Bahnhof	- the train station	**- sä trehn sstehschen**
- das Hotel …		
- ein Super-markt	- hotel …	**- hotel …**
	- a supermarket	**- e supermarket**
- eine Bank/Sparkasse	- a bank	**- e benk**
- das Kranken-haus	- the hospital	**- sä hospitel**
Ist es weit von hier?	Is it far from here?	**Is it fahr fromm hier?**
Wo auf der Karte ist es?	Can you show me on the map?	**Kenn ju schoh mie on sä mäpp?**
Wie komme ich am besten dorthin?	How do I get there?	**Hau du ei gett sär?**

Fragewörter

Was?	What?	**Wot?**
Wo?	Where?	**Wer?**
Wie?	How?	**Hau?**
Wer?	Who?	**Hu?**

Warum?	Why?	**Wei?**

Zahlen

1	One	**won**
2	Two	**tu**
3	Three	**srie**
4	Four	**vor**
5	Five	**veiff**
6	Six	**ssicks**
7	Seven	**ssewen**
8	Eight	**eht**
9	Nine	**nein**
10	Ten	**tenn**
11	Eleven	**ieläwen**
12	Twelve	**twelf**

13	Thirteen	**sörtien**
14	Fourteen	**vortien**
15	Fifteen	**fifftien**
20	Twenty	**twenntie**
21	Twenty-one	**twenntie-won**
30	Thirty	**sörtie**
100	One-hundred	**won-handred**
1000	One-thousand	**won-sausend**
10.000	Ten-thousand	**tenn-sausend**
100.000	One-hundred-thousand	**won-handred sausend**
1.000.000	One-million	**won-milljen**

Ordnungszahlen

Erste/r/s	First	**först**
Zweite/r/s	Second	**sseckend**

Dritte/r/s	Third	**sörd**
Vierte/r/s	Fourth	**vors**
Fünfte/r/s	Fith	**fifss**

Tageszeiten

Früh	Early	**öhrlie**
Spät	Late	**leht**
Morgen	Morning	**morning**
Mittag	Noon	**nuhn**
Abend	Evening	**iewening**
Heute	Today	**tudeh**
Morgen	Tomorrow	**tuhmorroh**
Übermorgen	The day after tomorrow	**sä deh after tuhmorroh**
Gestern	Yesterday	**jesterdeh**

Wochentage

Montag	Monday	**manndeh**
Dienstag	Tuesday	**tjussdeh**
Mittwoch	Wednesday	**wennsdeh**
Donnerstag	Thursday	**sörsdeh**
Freitag	Friday	**freideh**
Samstag	Saturday	**ssetterdeh**
Sonntag	Sunday	**ssandeh**

Jahreszeiten

Frühling	Spring	**sspring**
Sommer	Summer	**ssammer**
Herbst	Autumn (GB) Fall (US)	**ortem fohrl**
Winter	Winter	**winter**

Uhrzeit

Wie spät ist es?	What time is it?	**Wot teim is it?**
8 Uhr	Eight o'clock in the morning <u>ODER</u> Eight am	**Eht oh klock in sä morning Eht eh em**
20 Uhr	Eight o'clock in the evening <u>ODER</u> Eight pm	**Eht oh klock in sä iewening Eht pie em**
Viertel nach ...	Quarter past ...	**Kworter pahst ...**
Halb ...	Half past ...	**Hahf pahst ...**
Viertel vor ...	Quarter to ...	**Kworter tuh ...**

ⓘ In der englischen Sprache benutzt man selten die 24 Stunden Uhr. Alle Uhrzeiten zwischen Mitternacht und 12 Uhr Mittags werden mit am bezeichnet und alle Uhrzeiten ab 12 Uhr Mittags bis Mitternacht mit pm. 12 Uhr Mittags ist 12pm und Mitternacht ist 12am.

Begrüßung

Guten Morgen	Good morning	**Gudd morning**
Guten Nachmittag	Good afternoon	**Gudd afternuhn**
Guten Abend	Good evening	**Gudd iewening**
Hallo	Hello	**Hello**
Wie geht es dir?	How are you?	**Hau ar ju?**
Mir geht es gut, danke.	I am fine, thanks.	**Eim fein sehnks**
Nett dich kennenzulernen.	Nice to meet you.	**Neiss tu miet ju.**

Verabschiedung

Auf Wiedersehen	Good Bye	**Gudd bei**
Bis bald	See you soon	**Ssie ju ssuhn**

Höflichkeitsformen

Ja	Yes	**jess**
Nein	No	**no**
Bitte	Please	**plies**
Danke	Thank you	**sehnk ju**
Gern geschehen	You are welcome	**ju ar wellkamm**
Entschuldigen Sie	Excuse me	**ixkjus mie**
Entschuldigung Tut mir leid	Sorry	**ssorrie**
Verzeihung	Pardon me	**pahrden mie**

Mein Name ist ...	My name is …	**Mei nehm is …**
Wie heißt du?	What is your name?	**Wot is jur nehm?**
Woher kommst du?	Where are you from?	**Wer ar ju fromm?**
Ich komme aus	I'm from	**Eim fromm**
Deutschland	Germany	**Dschörmenie**
Österreich	Austria	**Orstrieja**
der Schweiz	Switzerland	**Sswitzerlend**
Das ist/sind mein(e)	This is/are my	**Sis is/ar mei**
Frau	Wife	**Weif**
Mann	Husband	**Hassbänd**
Tochter	Daughter	**Dorter**
Sohn	Son	**Ssan**
Kind	Child	**Scheilt**
Kinder	Children	**Schildren**
Enkelin	Granddaughter	**Gränddorter**
Enkel	Grandson	**Grändssan**
Freund	Boyfriend	**Boifränd**
Freundin	Girlfriend	**Görlfränd**
Freund/in (allg.)	Friend	**Fränd**
Ich bin im Urlaub hier.	I'm here on holiday.	**Ei em hier on hollideh.**
Ich bin zum ersten mal hier.	It's my first visit.	**Its mei först wisit.**
Es gefällt mir hier.	I like it here.	**Ei leik it hier.**

Check-in

Wo ist der Schalter der Fluggesellschaft	Where is the check-in desk for ...	**Wer is sä scheck-in desk for ...**
Wo und wann muss ich mich einchecken?	Where and when do I need to check-in?	**Wer end wenn du ei nied tu scheck-in?**
Gibt es einen online Check-in?	Is there an on-line check-in?	**Is där en onlein scheck-in?**
Könnte ich bitte einen Fenster-platz haben?	Could I please have a window seat?	**Kudd ei plies häff eh windoh ssieht?**
Kann ich das als Handgepäck mit an Bord nehmen?	Can I take this as hand luggage?	**Kenn ei tehk sis es händ laggitsch?**
Mein Koffer ist zu schwer? Wie-viel extra kostet das?	My bag is too heavy? How much extra will it cost?	**Mei bäg is tu häwie? Hau matsch extra will it kost?**
Wo ist der Abflug?	Where is the departure gate?	**Wer is sä diepartschör geht?**
Wann muss ich spätestens am Flugsteig sein?	What is the latest time I should be at the gate?	**Wot is sä lehtest teim ei shudd bie et sä geht?**

ⓘ Bei der Gepäckaufgabe werden Ihnen meistens folgende Fragen gestellt:

1) Have you packed the bags yourself? **(Häff ju päckt sä bägs jurself?)** = Haben Sie Ihr Gepäck selbst gepackt?

2) Have you left your lugagge unattended? **(Häff ju left jur laggitsch anättended?)** = Haben Sie Ihr Gepäck unbeaufsichtigt gelassen?

3) Has anyone interfered with your luggage? **(Häss änniewon interfiert wiss jur laggitsch?)**= Hat jemand etwas mit ihrem Gepäck gemacht?

4) Has anyone asked you to carry anything for them in your luggage? **(Häss änniewon ahskt ju tu kerrie änniesing vor semm in jur laggitsch?)** = Hat Sie jemand gebeten etwas in ihrem Gepäck zu transportieren?

Im Flugzeug

Entschuldigung, das ist mein Platz.	Excuse me, this is my seat.	**Ixkjus mie, sis is mei ssieht.**
Könnte ich bitte einen anderen Platz haben?	Is it possible to get a different seat please?	**Is it possibel tu gett eh different ssieht plies?**
Wann landen wir?	When do we land?	**Wenn du wie lend?**
Ist der Flieger verspätet?	Is the plane delayed?	**Is sä plehn dieleht?**
Werde ich meinen Anschlussflieger schaffen?	Will I get my connecting plane?	**Will ei gett mei konnekting plehn?**
Ich hätte gern noch etwas zu trinken.	Could I please have another drink?	**Kudd ei plies häff ennasser drink?**

Mir ist kalt, haben Sie eine Decke?	I am cold, do you have a blanket?	**Ei em kohlt, du ju häff eh blänket?**

(i) An Bord werden Sie häufig gefragt, ob Sie etwas trinken möchten:
Do you like something to drink? (**Du ju leik ssammsink tu drink?**) = Möchten Sie etwas trinken? Schauen Sie im Kapitel "Essen" unter den Getränkeoptionen (S.38) nach.

Ankunft

Mein Gepäck ist nicht da.	My luggage has not arrived.	**Mei laggitsch häs not erreift.**
Wo ist der Gepäckschalter?	Where is the baggage office?	**Wer is sä bägitsch offiss?**
Mein Gepäck wurde beschädigt.	My luggage is damaged.	**Mei laggitsch is demätscht.**
Wo ist der Ausgang?	Where is the exit?	**Wer is sie exit?**

FLUGHAFENSCHILDER

DEPARTURE	ABFLUG
ARRIVALS	ANKUNFT
GATE	FLUGSTEIG
CHECK-IN	ABFLUGSCHALTER
BAGGAGE CLAIM	GEPÄCKAUSGABE
CUSTOMS	ZOLL

FLUGINFORMATIONEN

Wait in hall	In der Abflughalle warten
Go to Gate	Bitte zum Flugsteig gehen
Boarding	Einsteigen
Last Call	Letzter Aufruf
Delayed	Verspätet
Cancelled	Annulliert

Zug

Am Bahnhof

Ich hätte gern ein Ticket nach …	I would like a ticket to … please.	**Ei wudd leik eh ticket tu … plies.**
Ist das ein Direktzug oder muss ich umsteigen?	Is this a direct train or do I have to change?	**Is sis eh deirekt trehn or du ei häff tu tschehnsch?**
1. Klasse 2. Klasse	First Class Second Class	**Först Klahs Sekend Klahs**
Gibt es einen Senioren/ Kinder/ Studenten/ Gruppen- rabatt?	Do you offer discounts for senior citizens/ children/ students/ groups?	**Du ju offer diskaunts for ssiehnjohr ssitissehns/ schildrän/ sstjudents/ gruhps?**
Wieviel kostet ein Einzel/ Hin-und- Rückfahrtticket?	How much does a single/return ticket cost?	**Hau matsch das eh singel/rietörn ticket kost?**

Ich würde gern einen Sitzplatz reservieren.	I would like to reserve a seat please.	**Ei wudd leik tu riesörf eh ssieht plies.**
- am Fenster - am Gang - am Tisch	- by the window - next to the aisle - at the table	**- bei sä windoh - nekst tu sie eil - et sä tehbel**
Wie lange dauert die Fahrt bis …?	How long does it take to …?	**Hau long das it tehk tu …?**
Hält dieser Zug in …?	Does this train stop in …?	**Das sis trehn stop in …?**
Um wieviel Uhr fährt der Zug ab?	What time does the train leave?	**Wot teim das sä trehn lief?**

Im Zug

Entschuldigung, ist dieser Platz noch frei?	Excuse me, is this seat still free?	**Ixkjus mie, is sis ssieht still frieh?**
Entschuldigung, ich habe diesen Platz reserviert.	Excuse me, I have reserved this seat.	**Ixkjus mie, ei häff riesörft sis ssieht.**
Gibt es einen Speisewagen?	Is there a buffet car?	**Is sär eh büffeh kar?**
Wie heißt die nächste Station?	What is the next stop?	**Wot is sä next sstop?**

U-Bahn/S-Bahn/Bus

Bus	Bus	**Bass**
U-Bahn	Underground	**Andergraund**
Straßenbahn	Tram	**Trämm**
Welche Linie fährt nach …	Which line/ route goes to …	**Witsch lein gohs tu ..**
Wann fährt der nächste … nach …	When does the next … go to …	**Wenn das sä next … goh tu …**
Ich hätte gern ein Ticket nach …	I would like a ticket to … please.	**Ei wudd leik eh ticket tu … plies.**

Taxi

Ich möchte nach … fahren	I need to go to..	**Ei nied tu go tu …**
Wieviel kostet es nach …	How much does it cost to go to ..	**Hau matsch das it kost tu go tu …**

Autovermietung

Ich habe einen Mietwagen reserviert.	I have a reservation for a rental car.	**Ei häff eh reserwehschen for eh rentel kar.**
Ich möchte gern ein Auto mieten.	I would like to rent a car please.	**Ei wudd leik tu rent eh kar plies.**
Für … Personen.	For … people.	**Vor .. piepel.**
Für … Tage.	For … days.	**Vor … dehs.**
Wieviel kostet es pro Tag?	How much does it cost per day?	**Hau matsch das it kost per deh?**
Gibt es einen Wochenrabatt?	Do you have a weekly discount?	**Du ju häff eh wieklie diskaunt?**
Gibt es eine Kilometer/ Meilenbegren- zung?	Is there a restriction on how many kilo- meters/miles I can travel?	**Is sär eh restriktschen on hau männie kielomietters/ meils ei känn trewel?**
Kommt das Auto mit einem vollen Tank?	Does the car come with a full tank?	**Das sä kar kamm wiss eh full tänk?**
Muss ich das Auto mit vollem Tank zurück- bringen?	Do I have to return the car with a full tank?	**Du ei häff tu rietörn sä kar wiss eh full tänk?**

Ist die Versicherung im Preis enthalten?	Is insurance included in the price?	**Is inschurens inkluhdet in sä preis?**
Was beinhaltet die Versicherung?	What does the insurance entail?	**Wot das sie inschurehns entehl?**
Um wieviel Uhr muss ich das Auto zurückgeben?	What time do I have to return the car?	**Wot teim du ei häff tu rietörn sä kar?**
Kann ich das Auto auch in … zurückgeben?	Can I also return the car in …?	**Känn ei olso rietörn sä kar in …?**

Tankstelle

Entschuldigung, wo finde ich die nächste Tankstelle?	Excuse me, where do I find the nearest petrol station?	**Ixkjus mie, wer du ei feind sä nierest petrol sstehschen?**
Entschuldigung, könnten Sie mir beim Tanken helfen?	Excuse me, could you help me to fill up the car please?	**Ixkjus mie, kudd ju help mie tu fill ap sä kar plies?**
Benzin bleifrei	Unleaded	**anleddet**
Super	Super Unleaded	**Super anleddet**
Diesel	Diesel	**Diesel**
Kann ich hier den Reifendruck messen?	Can I measure the tyre pressure here?	**Känn ei mäscher sä teier präschehr hier?**

Kann ich hier den Ölstand messen?	Can I check the oil here?	**Känn ei scheck sie eul hier?**

Autopanne

Mein Auto hat eine Panne.	My car has broken down.	**Mei kar häs brohken daun.**
Der Reifen ist platt.	I've got a flat tyre.	**Eif gott eh flät teier.**
Wo ist die nächste Werkstatt?	Where is the nearest garage?	**Wer is sä nierest gäretsch?**

RICHTUNGSWEISUNGEN

Rechts	Right	**reit**
Links	Left	**left**
Geradeaus	Straight ahead	**sstreht ähett**
Norden	North	**norss**
Süden	South	**ssauss**
Osten	East	**iehst**
Westen	West	**west**

UMRECHNUNGEN

1 mile	= 1.6 km	
1 km	= 0.61 miles	
1 cm	= 0.39 inch	
1 inch	= 2.54 cm	
1 m	= 3.28 feet	
1 feet	= 0.3 m	

0° Celcius	= 32° Fahrenheit
10° Celcius	= 50° Fahrenheit
20° Celcius	= 68° Fahrenheit
30° Celcius	= 86° Fahrenheit

Anreise

Ich habe ein Zimmer unter dem Namen … reserviert.	I have a reservation under the name …	**Ei häff eh reserwehschen ander sä nehm …**
Haben Sie noch ein Zimmer frei?	Do you have any vacancies?	**Du ju häff ännie wehkännzies?**
- Doppelzimmer mit einem Bett	- Double Room	**- Dabbel Ruhm**
- Doppelzimmer mit 2 Betten	- Twin Room	**- Tvinn Ruhm**
- Einzelzimmer	- Single Room	**- Ssingel Ruhm**
- Familienzim-mer	- Family Room	**- Fämielie Ruhm**
- Suite	- Suite	**- Swiet**
Könnte ich das Zimmer bitte anschauen?	Could I see the room please?	**Kudd ei ssie sä ruhm plies?**
Wie viel kostet das Zimmer pro Nacht?	How much does the room cost per night?	**Hau matsch das sä ruhm kost per neiht?**
Ist Frühstück im Preis enthalten?	Is breakfast included in the price?	**Is bräckfest inkluhdet in sä preis?**

Haben Sie vergünstigte Angebote, wenn wir mehr als eine Nacht bleiben?	Do you offer a discount if we stay more than one night?	**Du ju offer eh diskaunt if wie ssteh mohr sän won neiht?**
Ich/Wir würden gern ... Nächte bleiben.	I/We would like to stay ... nights.	**Ei/Wie wudd leik tu ssteh ... neihts.**
Haben Sie noch ein anderes Zimmer?	Do you have a different room available?	**Du ju häff eh different ruhm ehwählebell?**
Haben Sie ein Raucher/Nicht-raucherzimmer?	Do you have a smoking/non-smoking room?	**Du ju häff eh ssmohking/nonn-ssmohking ruhm?**
Ich würde es gern nehmen.	I would like to take it.	**Ei wudd leik tu tehk it.**
Könnte jemand bitte mein Ge-päck aufs Zim-mer bringen?	Could someone please bring my luggage to my room?	**Kudd ssammwon plies bring mei laggitsch tu mei ruhm?**
Haben Sie einen Parkplatz?	Do you have a car park?	**Du ju häff eh kar park?**
Wo und von wann bis wann gibt es Früh-stück?	Where and when is break-fast?	**Wer end wenn is bräckfest?**

Ich hätte gern ein(e) zusätzliche/r/s	I would like another … please	**Ei wudd leik ännasser … plies**
- Decke	- blanket	**- blähnkett**
- Handtuch	- towel	**- tauel**
- Kissen	- pillow	**- pilloh**
- Schlüssel	- key	**- kie**
Der/die/das … funktioniert nicht	The … does not work	**Sä …. das nott wörk**
- Licht	- light	**- leiht**
- Fernseher	- TV	**- tiewie**
- Dusche	- shower	**- schauer**
- Toilette	- toilet	**- teulet**
- Klimaanlage	- air conditioning	**- erkondischening**
- Minibar	- mini bar	**- mini bar**
Das Zimmer ist schmutzig.	The room is dirty.	**Sä ruhm is dörtie.**
Im Zimmer zieht es.	There is a draft in my room.	**Sär is eh drahft in mei ruhm.**
Könnten Sie mich bitte um … wecken?	Could you please give me a wake-up call at …?	**Kudd ju plies giff mie eh wehg-app koll ät …?**
Gibt es einen Restaurantservice auf dem Zimmer?	Do you have room service?	**Du ju häff ruhm serwiss?**

Abreise

Bis wann dürfen wir im Zimmer bleiben?	When do we need to check out?	**Wenn du wie niet tu scheck aut?**
Ich hätte gern die Rechnung.	I would like the bill please.	**Ei wudd leik sä bill plies.**
Die Rechnung stimmt nicht.	The bill is incorrect.	**Sä bill is inkorrekt.**
Kann ich mit Kreditkarte zahlen?	Can I pay by credit card?	**Känn ei peh bei kredit kard?**
Könnte ich bitte eine Quittung haben.	Could I have a receipt please?	**Kudd ei häff eh rehsiet plies?**
Es hat uns sehr gut hier gefallen.	We enjoyed our stay here.	**Wie endschoit auer ssteh hier.**
Können wir unser Gepäck bis … Uhr hier lassen?	Could we leave our luggage here until …?	**Kudd wie lief auer laggitsch hier antill …?**

DO YOU HAVE ANY VACANCIES?   ○   **YES**   ○   **NO**
Du ju häff ännie wehkännzies?
Haben Sie noch Zimmer frei?

COULD I SEE THE ROOM PLEASE?   ○   **YES**   ○   **NO**
Kudd ei ssie sä ruhm plies?
Könnte ich das Zimmer bitte anschauen?

I/WE WOULD LIKE TO STAY … NIGHTS:
Ei/Wie wudd leik tu ssteh … neihts:
Ich/Wir würden gern … Nächte bleiben:

○1   ○2   ○3   ○4   ○5

	Available? Frei ?	Price room per night Preis pro Nacht/ Zimmer	Breakfast incl.? Frühstück inbegrif- fen?	My choice Meine Auswahl
DOUBLE ROOM *Dabbel Ruhm* (DZ, 1 Bett)				
TWIN ROOM *Tvinn Ruhm* (DZ, 2 Betten)				
SINGLE ROOM *Ssingel Ruhm* Einzelzimmer				
FAMILY ROOM *Fämielie Ruhm* Familienzimmer				
SUITE *Swiet* Suite				

Haben Sie einen Tisch für ... Personen?	Do you have a table for ... people?	**Du ju häff eh tehbel for ... piepel?**
Könnte ich bitte die Speisekarte haben?	Could I see the menu please?	**Kutt ei ssie sä männju pliess?**
Ich hätte gern ...	I would like...	**Ei wudd leik ...**
Haben Sie ...?	Do you have ..?	**Du ju häff ...?**
Können Sie mir etwas Landestypisches empfehlen?	Could you recommended a traditional dish?	**Kudd ju reckommend eh trädischenel disch?**
Als Vorspeise nehme ich ...	As starter I would like ...	**Es starter ei wudd leik ...**
Als Hauptspeise nehme ich ...	As main course I would like ...	**Es mehn kors ei wudd leik ...**
Als Dessert nehme ich ...	As dessert I would like ...	**Es diesört ei wudd leik ...**
Ich habe eine Allergie auf ...	I have an allergy to ...	**Ei häff en ellerdschie tu ...**
Könnte ich bitte Salz und Pfeffer haben?	Could I have salt and pepper please?	**Kudd ei häff ssolt end pepper plies?**

Das Essen ist	The meal is …	**Sä miehl is …**
- sehr gut	- very good	**- werrie gudd**
- kalt	- cold	**- kohlt**
- verkocht	- overcooked	**- owerkuckt**
- verbrannt	- burnt	**- börnt**
- schmeckt nicht	- does not taste nice	**- das not tehst neis**
- versalzen	- too salty	**- tu soltie**
Entschuldigung, wo sind die Toiletten?	Excuse me, where are the toilets?	**Ixkjus mie, wer ar sie teulets?**
Ich hätte gern die Rechnung bitte.	I would like the bill please.	**Ei wudd leik sä bill plies.**
Alles zusammen bitte.	All on one bill please.	**Oll on won bill plies.**
Getrennte Rechnungen bitte.	Separate bills please.	**Seperet bills plies.**
Die Rechnung stimmt nicht.	The bill is incorrect.	**Sä bill is inkorrekt.**
Kann ich mit Kreditkarte zahlen?	Can I pay by credit card?	**Känn ei peh bei kredit kard?**
Könnte ich bitte eine Quittung haben.	Could I have a receipt please?	**Kudd ei häff eh rehsiet plies?**
Es hat mir sehr gut geschmeckt.	I really enjoyed the meal.	**Ei rielie enscheut sä miel.**
Stimmt so.	It's ok.	**Its okeh.**

Speisekarte

Fleisch

Schweinefleisch	Pork	**Pork**
Rindfleisch	Beef	**Bief**
Hühnchen	Chicken	**Tschicken**
Pute/Truthahn	Turkey	**Törkie**
Lammfleisch	Lamb	**Lämm**

Fisch

Lachs	Salmon	**Ssemmen**
Kabeljau/ Dorsch	Cod	**Kott**
Scholle	Plaice	**Plehs**
Krabben	Prawns	**Prohrns**

Salat

Salat	Salad	**Sselläd**
Tomaten	Tomatos	**Tomatos**
Gurken	Cucumber	**Kjukammber**
Mais	Sweetcorn	**Svietkorn**
Paprika	Peppers	**Peppers**

Gemüse

Karotten	Carrots	**Käretts**
Broccoli	Broccoli	**Brockolie**
Grüne Bohnen	Green Beans	**Grien Biens**
Blumenkohl	Cauliflower	**Kollieflauer**
Erbsen	Peas	**Pies**
Rosenkohl	Brussels Sprouts	**Brassels Sprauts**
Rotkraut	Red Cabbage	**Räd käbbätsch**

Beilagen

Salzkartoffeln	Boiled potatoes	**Beult poteetos**
Frühlingskartof-feln (mit Schale)	New potatoes	**Nju poteetos**
Ofenkartoffeln	Baked potatoes	**Beekt poteetos**
Gebackene Kartoffeln	Roast potatoes	**Rohst poteetos**
Kartoffelbrei	Mashed potatoes	**Mäscht poteetos**
Pommes Frites	(French) Fries	**(Fränsch) Freis**
Reis	Rice	**Reis**
Nudeln	Pasta	**Pasta**

ⓘ Im Englischen sind Chips dickgeschnittene Pommes. Was im deutschen als Chips bezeichnet wird, nennt man im englischen 'Crisps' **(Krissps)**.

Landestypische Gerichte

Fish and Chips	**fisch end chips**	Frittierter Fisch mit dicken Pommes
Shepherd's Pie	**schepperds pei**	Lammhackfleisch mit Kartoffelbrei überbacken
Cottage Pie	**kottetsch pei**	Rindshackfleisch mit Kartoffelbrei überbacken
Fisherman's Pie	**fischermens pei**	Fisch in Cremesoße mit Kartoffelbrei überbacken
Chicken Pie	**tschicken pei**	Hühnchenfleisch mit Blätterteig
Sunday Roast	**ssandeh rohst**	Sonntagsbraten
Yorkshire Pudding	**jorkschir pudding**	herzhaftes warmes Teiggebäck zum Sunday Roast
Jacket Potatoe	**dschägget poteeto**	Ofenkartoffel mit Füllung nach Wahl
Cream Tea	**kriem tie**	Mürbeteigkuchen mit Marmelade und Tee
Chicken Tikka	**tschicken tieka**	indisches Tomaten-Curry Hühnchen

ⓘ Fish and Chips werden traditionell mit Essig und Salz serviert. Müssen Sie unbedingt probieren, ein typisch englisches Nationalgericht.

Das typisch englische Frühstück

Bacon	**behken**	Gebratener Schinkenspeck
Sausages	**sossetsches**	Würstchen
Baked Beans	**behkt biens**	weisse Bohnen in Tomatensoße
Scrambled Eggs	**skremmbelt eggs**	Rührei
Fried Egg	**freid egg**	Spiegelei
Boiled Egg	**beult egg**	Gekochtes Ei
Black Pudding	**bläck pudding**	Blutwurst
Hash Browns	**hesch brauns**	Kartoffelrösti
Fried Bread	**freid brett**	Gebratenes Brot
Mushrooms	**maschruhms**	Pilze
Fried tomatoes	**fried tomatos**	Gebratene Tomaten

ⓘ Falls Sie lieber Brot, Aufschnitt und Marmelade zum Frühstück möchten, müssen Sie ein „Continental Breakfast" (**kontintel bräckfest**) bestellen.

Getränke

Cola	Cola	**Cola**
Zitronen-limonade	Lemonade	**Lämmoneet**
Orangensaft	Orange Juice	**Orendsch Dschuhs**
Apfelsaft	Apple Juice	**Eppel Dschuhs**
Tomatensaft	Tomato Juice	**Tomato Dschuhs**
Bier	Beer	**Bier**
Rotwein	Red Wine	**Redt Wein**
Weißwein	White Wine	**Weit Wein**
Kaffee	Coffee	**Koffee**
Tee - mit Zucker - mit Milch	Tea - with sugar - with milk	**Tie** **- wiss schuckgar** **- wiss milk**
Stilles Wasser	Still Water	**Sstill Woter**
Mineralwasser (mit Kohlen-säure)	Sparkling Water	**Ssparkling Woter**
Leitungswasser	Tap Water	**Täp Woter**

EINKAUFEN

> ⓘ Oftmals werden Sie im Laden gefragt, ob man Ihnen behilflich sein kann – " Excuse me, can I help you?" **(Ixkjus mie kenn ei help ju?)**. Falls Sie sich nur umschauen, antworten Sie am besten mit "No thanks I am just looking" **(No sehnks eim dschast lucking)**

Wo finde ich	Where do I find	Wer du ei feind
- einen Super-markt	- a supermarket	- **eh suhpermarket**
- eine Post	- a post office	- **eh pohst offis**
- eine Drogerie	- a chemist	- **eh kämmist**
- eine Apotheke	- a pharmacy	- **eh farmessie**
- eine Bäckerei	- a bakery	- **eh behkerie**
- einen Metzger	- a butcher	- **eh buttscher**
- ein Einkaufs-zentrum	- a shopping mall	- **eh schopping mol**
- einen Elektro-laden	- an electronics shop	- **en elektroniks schop**
- einen Foto-laden	- a photo shop	- **eh photo schop**
- einen Buch-laden	- a book store	- **eh buck stohr**
Könnten Sie es mir bitte auf der Karte zeigen?	Could you show me on the map please?	**Kudd ju schoh mie on sä mäpp plies?**
Wo kann ich ... kaufen?	Where can I buy ...?	**Wer kenn ei bei ....?**

Wie viel kostet das?	How much does it cost?	**Hau matsch das it kost?**
Könnten Sie den Preis bitte aufschreiben?	Could you please write the price down?	**Kudd ju plies reit sä preis daun?**
Könnten Sie mir das da bitte zeigen?	Could you show me that please?	**Kudd ju schoh mie sät plies?**
Haben Sie das noch in Größe ...	Do you still have this in size ...	**Du ju still häff sis in sseiss ...**
Haben Sie das noch in anderen Farben?	Do you have this in different colours?	**Du ju häff sis in different kallors?**
Könnte ich es bitte anprobieren?	Could I try it please?	**Kudd ei trei it plies?**
Wo finde ich die Umkleide-kabinen?	Where do I find the changing rooms?	**Wer du ei feind sä schehnsching ruhms?**
Es passt leider nicht.	It does not fit.	**It das not fit.**
Das gefällt mir gut, ich nehme es mit.	I like it, I'll take it.	**Ei leik it, eil tehk it.**
Ich weiß noch nicht, ob ich es kaufe.	I am not sure yet if I'll take it.	**Eim not schuhr jet if eil tehk it.**

Wie lange haben Sie heute geöffnet?	How long are you open today?	**Hau long ar ju open tudeh?**
Geben Sie auch Rabatt?	Do you offer a discount?	**Du ju offer eh diskaunt?**
Kann ich mit Kreditkarte zahlen?	Can I pay by credit card?	**Känn ei peh bei kredit kard?**
Könnte ich bitte den Kassen-bon/Quittung haben?	Could I have a receipt please?	**Kudd ei häff eh rehsiet plies?**
Könnten Sie es mir bitte als Geschenk einpacken?	Could you please wrap it as a present?	**Kudd ju plies wrepp it es eh present?**
Könnte ich bitte eine Tüte haben?	Could I have a bag please?	**Kudd ei häff eh bäg plies?**
Nein danke, ich brauche keine Tüte.	No thanks, I don't need a bag.	**No sehnks, ei dont nied eh bäg.**

Auf dem Markt

Das ist zu teuer.	That is too expensive.	**Sät is tu expensif.**
Könnten Sie mit dem Preis bitte etwas runter-gehen?	Could you please drop the price a little?	**Kudd ju plies drop sä preis eh littl?**
Ich kann maxi-mal … zahlen.	I can pay maximum …	**Ei känn peh mexiemum …**

KLEIDERGRÖSSEN

Konfektionsgrößen Frauen

DE	32	34	36	38	40	42	44	46	48	50	52	54
UK	6	8	10	12	14	16	18	20	22	24	26	28
US	4	6	8	10	12	14	16	18	20	22	24	26
INT	XS	XS	S	S	M	M	L	L	XL	XL	XXL	XXL

Konfektionsgrößen Männer

DE	40	42	44	46	48	50	52	54	56	58	60	62
UK	30	32	34	36	38	40	42	44	46	48	50	52
US	30	32	34	36	38	40	42	44	46	48	50	52
INT	XS	XS	S	S	M	M	L	L	XL	XL	XXL	XXL

Schuhe Frauen

DE	35	36	37	38	39	40	41	42	43
UK	2	3	4	5	6	7	8	9	10
US	4	5	6	7	8	9	10	11	12

Schuhe Männer

DE	39	40	41	42	43	44	45	46	47	48	49	50
UK	5	6	7	8	9	10	11	12	13	14	15	16
US	5.5	6.5	7.5	8.5	9.5	10.5	11.5	12.5	12.5	13.5	14.5	15.5

Im Supermarkt

Ich hätte gerne etwas davon.	I would like a bit from this one please.	**Ei wudd leik eh bitt fromm sis won plies.**
Ich hätte gerne … Gramm.	I would like … gramm please.	**Ei wudd leik … grämm plies.**
Ich hätte gern … Stück.	I would like … pieces please.	**Ei wudd leik … piesses plies.**

Auf der Bank/Wechselstube

Entschuldigen Sie bitte, wo finde ich die nächste Bank/Wechselstube?	Excuse me, where do I find a bank/money exchange?	**Wer du ei feind eh benk/mannieex-schehnsch?**
Ich möchte bitte … €/CHF in £/$ umtauschen.	I would like to exchange .. €/CHF into £/$ please.	**Ei wudd leik tu exschensch … juro/ swiss frenks intu … paund/dollar plies.**
Wie hoch ist die Umtauschge-bühr?	How much is the commission charge?	**Hau matsch is sä kom-mischen tschartsch?**
Wo finde ich einen Geldauto-maten?	Where do I find a cash machine?	**Wer du ei feind eh keschmäschien?**

TOURISTENINFORMATION

Generelle Fragen

Entschuldigung, könnten Sie mir bitte sagen, wo die Touristeninformation ist?	Excuse me, could you please tell me where the Tourist Information is?	**Ikskjus mie, kutt ju plies tell mie wer sä turist informehschen is?**
Wo ist ...?	Where is ...?	**Wer is ...?**
Ist es weit von hier?	Is it far from here?	**Is it fahr fromm hier?**
Wo auf der Karte ist es?	Can you show me on the map?	**Kenn ju schoh mie on sä mäpp?**
Wie komme ich am besten dorthin?	How do I get there?	**Hau du ei gett sär?**

In der Touristeninformation

Wir sind ... Tage hier, welche Sehenswürdigkeiten können Sie uns empfehlen?	We are here for ... days, which sights can you recommend?	**Wie ar hier for ... dehs, witsch sseits kenn ju reckommend?**
Ich hätte gern einen Stadtplan.	Could I have a map please?	**Kudd ei häff eh mäpp plies?**

Ist der Stadtplan kostenlos?	Is the map free?	**Is sä mäpp frieh?**
Haben Sie ein Prospekt über die Sehenswürdigkeiten?	Do you have a brochure of the sights?	**Du ju häff eh broschor off sä sseits?**
Haben Sie diesen Prospekt auch auf Deutsch?	Do you also have this brochure in German?	**Du ju olso häff sis broschohr in Dschörmän?**
Welche Veranstaltungen gibt es momentan?	Which events are currently on?	**Witsch iehvents ar köhräntlie on?**
Wo bekomme ich Karten?	Where do I get tickets?	**Wer du ei get tickets?**
Wie teuer sind die Karten?	How much do the tickets cost?	**Hau matsch du sä tickets kost?**
Werden Stadtrundfahrten/ Stadtführungen angeboten?	Do you offer Sightseeing tours/guided walks?	**Du ju offer sseihtsiehing tuhrs/ geidet works?**
Wieviel kostet es?	How much does it cost?	**Hau matsch das it kost?**
Haben Sie Ermäßigungen für - Senioren? - Kinder? - Studenten? - Gruppen?	Do you have concessions for - senior citizens? - children? - students? - groups?	**Du ju häff konseschens fohr - ssiehnjohr ssitissehns - schildrän? - sstjudents - gruhps**
Kann ich die Tickets hier kaufen?	Can I buy the tickets here?	**Känn ei bei tickets hier?**

Ich hätte gern … Tickets.	I would like … tickets.	**Ei wudd leik … tickets.**
Wie lange dauert es?	How long does it take?	**Hau long das it tehk?**
Wo geht es los?	Where does it start from?	**Wer das it sstart fromm?**
Könnten Sie mir das bitte auf der Karte zeigen?	Could you show me on the map please?	**Kudd ju schoh mie on sä mäpp plies?**
Was sind die Öffnungszeiten für… ? - Museum - Ausstellung - Park	What are the opening hours for the - Museum - Exhibition - Park	**Watt ar sie ohpenning auers for** **- sä mjusieum** **- sie exhiebischen** **- sä park**

ARZT/APOTHEKE

Notfall

Ich brauche bitte Hilfe!	I need help please!	**Ei nied help plies!**
Kann jemand bitte den Notarzt rufen?	Could somone please call an ambulance?	**Kudd ssammwon plies kall en embjulens?**
Er/sie hatte einen Unfall.	He/she had an accident.	**Hie/schie häd en äckssiedent.**
Er/sie blutet stark.	He/she is bleeding badly.	**Hie/schie is blieding bädlie.**
Er/sie ist ohnmächtig.	He/she is unconscious.	**Hie/schie is ankonsches.**
Er/sie hat hohes Fieber.	He/she has a very high temperature.	**Hie/schie häs eh werie hei tempretscher.**
Wie lang dauert es bis der Arzt hier ist?	How long will it take for the doctor to get here?	**Hau long will it tehk for sä doktor tu gett hier?**

Arzt/Krankenhaus

Wo finde ich einen Arzt?	Where do I find a doctor?	**Wer du ei feind eh doktor?**

Wo ist das nächste Krankenhaus?	Where is the nearest hospital?	**Wer is sä nierest hospitel?**
Mir geht es nicht gut.	I am not feeling well.	**Eim not fieling well.**
Mir ist schwindelig.	I am feeling dizzy.	**Eim fieling disie.**
Ich habe mich erbrochen.	I threw up.	**Ei ssruh ab.**
Ich habe -Kopfschmerzen -Bauch-schmerzen -Halsschmerzen - Fieber - Durchfall - Verstopfung - Schnupfen	I have - a headache - stomach ache - a sore throat - a temprature - diarrhoea - constipation - a cold	**Ei häff - eh hedegg - sstomeck ehk - ssor sroht - eh tempretscher - dei-ohria - konstiepeschen - eh kohlt**
Ich bin gestürzt.	I fell.	**Ei fell.**
Ich wurde gestochen.	I was stung.	**Ei wos sstang.**
Ich habe eine Allergie auf ...	I have an ... allergy.	**Ei häff en ... ellerdschie.**
Ich nehme diese Medikamente.	I have to take this medicine.	**Ei häff tu tehk sis medissen.**

Apotheke

Wo finde ich eine Apotheke?	Where do I find a pharmacy?	**Wer du ei feind eh farmessie?**

Haben Sie etwas gegen - Kopf-schmerzen	Do you have something for - a headache	**Du ju häff ssammsing vor** **- eh hedegg**
- Bauch-schmerzen	- stomach ache	**- sstomeck ehk**
- Hals-schmerzen	- a sore throat	**- ssor sroht**
- Fieber	-a temperature	**- eh tempretscher**
- Durchfall	- diarrhoea	**- dei-ohria**
- Verstopfung	- constipation	**- konstiepeschen**
- Schnupfen	- a cold	**- eh kohlt**
Muss ich die Medikamente vor, während oder nach dem Essen einnehmen?	Do I have to take the medicine before, during or after a meal?	**Du ei häff tu tehk sä medissin bievor, djuring or after eh miel?**

A

Abend	Evening	**iewening**
Abendessen	Dinner	**dinner**
Abfahren/abreisen	Leaving	**liewing**
Abfahrt/Abflug	Departure	**diepartschör**
Abholen	Pick up	**pick ab**
Abteilung	Department	**diepartment**
Adapter	Adapter	**adapter**
Adresse	Address	**äddress**
Allein	Alone	**ällohn**
Alleinstehend	Single	**singel**
Allergie	Allergy	**ellerdschie**
Ampel	Traffic Light	**träffik leit**
Ankunft	Arrival	**ehreiwel**
Ansichtskarte	Postcard	**postkart**
Apotheke	Pharmacy	**farmessie**
Arbeit	Work	**wörk**
Arzt	Doctor	**doktor**
Aufhören	Stop	**sstop**
Aufschreiben	Write down	**reit daun**
Auf Wiedersehen	Good Bye	**gudd bei**
Ausflug	Excursion	**exkörschen**
Ausgang	Exit	**exit**
Auskunft	Information	**informehschen**
Ausstellung	Exhibition	**exhebischen**
Ausweis	ID	**ei die**
Auto	Car	**kar**

Baby	Baby	**bebie**
Bäckerei	Bakery	**behkerie**
Bad	Bath	**bahs**
Bahnhof	Train Station	**trehn sstehschen**
Bahnsteig	Platform	**plettform**
Balkon	Balcony	**belkohnie**
Bank (Sparkasse)	Bank	**benk**
Bar (bezahlen)	Cash	**kesch**
Batterie	Battery	**betterie**
Bauchschmerzen	Stomach Ache	**sstomeck ehk**
Beginn	Start	**sstart**
Behalten	Keep	**kiep**
Behindert	Disabled	**disehbelt**
Beispiel	Example	**exahmpel**
Bemerken	Notice	**nohtiss**
Benutzen	Use	**juhs**
Benzin	Petrol	**petrol**
Berg	Mountain	**maunten**
Beruf	Job	**dschobb**
Beschwerde	Complaint	**kommplehnt**
Besteck	Cutlery	**katlerie**
Bezahlen	Pay	**peh**
Bitte	Please	**plies**
Briefmarken	Stamps	**sstemps**
Brille	Glasses	**glahses**
Bruder	Brother	**brasser**
Buchladen	Book Store	**buck sstohr**
Buchung	Reservation	**reserwehschen**
Bus	Bus	**bass**

C

Café	Café	café
Campingplatz	Camp Ground	kemp graund
Chef	Boss	boss

D

Danke	Thank you	sehnk ju
Datum	Date	deht
Decke	Blanket	blähnkett
Dessert	Dessert	diesört
Deutsch	German	dschörmen
Deutschland	Germany	dschörmenie
Dienstag	Tuesday	tjussdeh
Diesel	Diesel	diesel
Direkt	Direct	deirekt
Donnerstag	Thursday	sörsdeh
Dorf	Village	willetsch
Dosenöffner	Tin Opener	tin opener
Draußen	Outside	autsseit
Drei	Three	srie
Dringend	Urgent	örgent
Drücken	Push	pusch
Dunkel	Dark	dark
Dürfen	Allowed	ellaut
Durschschnitt	Average	eweretsch
Durst	Thirst	ssörst
Drogerie	Chemist	kämmist
Dusche	Shower	schauer

Ecke	Corner	**korner**
Ehefrau	Wife	**weif**
Ehemann	Husband	**hassbänd**
Einfach	Easy	**iesie**
Eingang	Entrance	**enträns**
Einkaufen	Shopping	**schopping**
Einkaufszentrum	Shopping Mall	**schopping mol**
Eins	One	**won**
Eintritt	Admission	**edmischen**
Empfang	Reception	**riesseptschen**
Empfehlen	Recommend	**reckommend**
Ende	End	**end**
England	England	**inglend**
Englisch	English	**inglisch**
Enkel	Grandson	**grändssan**
Enkelin	Granddaughter	**gränddorter**
Ente	Duck	**Dack**
Entfernen	Remove	**riemuhf**
Entscheiden	Decide	**diesseit**
Entschuldigung	Sorry	**ssorrie**
Erdgeschoss	Ground Floor	**graund flohr**
Erfahrung	Experience	**eckspieriejens**
Ermäßigung	Concession	**konseschens**
Erste/r/s	First	**först**
Erwachsener	Adult	**ädalt**
Essen	Eat	**ieht**
Essen (das)	Food	**fuhd**
Etage	Floor	**flohr**
Euro	Euro	**juro**

Fahren	Drive	**dreif**
Fahrschein	Ticket	**ticket**
Fahrplan	Timetable	**teimtebel**
Fahrrad	Bicycle	**beissickel**
Falsch	Wrong	**rong**
Familie	Family	**femelie**
Farbe	Colour	**kallor**
Fehler	Mistake	**mistehk**
Feiertag	Public Holiday	**pablik hollideh**
Fenster	Window	**windoh**
Ferien	Holiday	**hollideh**
Fernseher	TV	**tiewie**
Fertig	Ready	**reddie**
Fisch	Fish	**fisch**
Fitnesscenter	Gym	**dschim**
Flasche	Bottle	**bottel**
Flaschenöffner	Bottel Opener	**bottel opener**
Fleck	Stain	**sstehn**
Fleisch	Meat	**miet**
Flugsteig	Gate	**geht**
Flugzeug	Airplane	**erplehn**
Frage	Question	**kwestschen**
Freitag	Friday	**freideh**
Freund/in (allg.)	Friend	**fränd**
Friseur	Hairdresser	**hehrdresser**
Früh	Early	**öhrlie**
Frühstück	Breakfast	**bräckfest**
Führerschein	Driving Licence	**dreiwing leissens**
Funktionieren	Work	**wörk**

G

Gabel	Fork	**vork**
Garten	Garden	**garden**
Gast	Guest	**gest**
Gebäude	Building	**bilding**
Geboren	Born	**born**
Gebühr	Charge	**dscharsch**
Geburtstag	Birthday	**börsdeh**
Gefahr	Danger	**dehnscher**
Gegend	Area	**eria**
Geld	Money	**mannie**
Gemüse	Vegetable	**wetschtäbel**
Gepäck	Luggage	**laggitsch**
Geradeaus	Straight ahead	**sstreht ähett**
Geräusch	Noise	**neus**
Geruch	Smell	**smell**
Geschäft	Shop	**schop**
Geschenk	Present	**present**
Geschirr	Crockery	**krockerie**
Geschlossen	Closed	**klohst**
Geschwindigkeit	Speed	**sspied**
Gespräch	Conversation	**konwersehschen**
Gesetz	Law	**lohr**
Gestern	Yesterday	**jesterdeh**
Getränke	Drinks	**drinks**
Glas	Glass	**glas**
Groß	Big	**big**
Größe	Size	**sseiss**
Gruppe	Group	**gruhp**
Grüße	Greetings	**grietinks**

Haarbürste	Hairbrush	**hehrbrasch**
Haartrockner	Hairdryer	**hehrdreier**
Haben	Have	**häff**
Hälfte	Half	**hahf**
Handgepäck	Hand Luggage	**händ laggitsch**
Halten	Hold	**hold**
Handtasche	Handbag	**händbäg**
Handtuch	Towel	**tauel**
Handy	Mobile Phone	**mobeil fohn**
Hallo	Hello	**hello**
Halsschmerzen	Sore Throat	**ssor sroht**
Halt	Stop	**sstop**
Hart	Hard	**hard**
Hauptsaison	Peak Season	**piek ssiesen**
Hauptspeise	Main Course	**mehn kors**
Haus	House	**haus**
Heiß	Hot	**hott**
Heizung	Heating	**hieting**
Hell	Light	**leit**
Heute	Today	**tudeh**
Hier	Here	**hier**
Hilfe	Help	**help**
Hoch	High	**hei**
Hoffen	Hope	**Hohp**
Hose	Trousers	**trausers**
Hotel	Hotel	**hotel**
Hübsch	Pretty	**prittie**
Hunger	Hunger	**hanger**
Hungrig	Hungry	**hangrie**

I

Ich	I	ei
Idee	Idea	Eidia
Immer	Always	olwehs
Immobilien	Real Estate	riel essteht
Inbegriffen	Included	inkludet
Information	Information	informehschen
Informieren	Find out	feind aut
Inhaber	Owner	Ohner
Inhalt	Content	kontent
Inkorrekt	Incorrect	inkorrekt
Innen	Inside	insseit
Innenstadt	Town Centre	taun ssenter
Insel	Island	eilend
Insgesamt	Altogether	oltugesser
Interessant	Interesting	interresting
Internet	Internet	internet
Irgendeins	Any	ännie
Irgendwo	Somewhere	ssammwer
Irland	Ireland	eierlend

J

Ja	Yes	jess
Jahr	Year	jiehr
Jahrhundert	Century	ssentjurie
Jemand	Somebody	sammbodie
Jetzt	Now	nau
Jung	Young	jang
Junge	Boy	boi

K

Kalender	Calender	kelendar
Kalt	Cold	kohlt
Kaputt	Broken	brohken
Karte	Map	mäpp
Kasse	Till	till
Kaufen	Buy	bei
Kennen	Know	no
Kerze	Candle	Kenndel
Kilometer	Kilometer	kilomieter
Kind	Child	scheilt
Kinder	Children	schildren
Kirche	Church	tschörtsch
Kissen	Pillow	pilloh
Klasse	Class	klahs
Kleingeld	Small Change	smol schensch
Klimaanlage	Airconditioning	erkondischening
Klingel	Bell	bell
Klingeln	Ring the bell	ring sä bell
Klopfen	Knock	nock
Kneipe	Pub	papp
Koffer	Suitcase	ssuhtkehs
Kopfschmerzen	Headache	hedegg
Korkenzieher	Corkscrew	korkskru
Kostenlos	Free	frie
Krankenhaus	Hospital	hospitel
Kreditkarte	Credit Card	kreditkard
Kühlschrank	Fridge	fridsch
Kunde	Customer	kastemer
Kurs	Course	kohrs

Lächeln	Smile	**smeil**
Lachen	Laugh	**lahf**
Lage	Location	**lohkeschen**
Lampe	Lamp	**lemp**
Land	Country	**kantrie**
Landen	Land	**lend**
Lang	Long	**long**
Langsam	Slow	**sloh**
Langweilig	Boring	**bohring**
Lärm	Noise	**neus**
Laut	Noisy	**neusie**
Leben/wohnen	Live	**liff**
Leer	Empty	**emptie**
Leicht	Light	**leit**
Leihen	Borrow	**borroh**
Leise	Quite	**kweit**
Lernen	Learn	**lörn**
Lesen	Read	**ried**
Letze(r)	Last	**lahst**
Leute	People	**piepel**
Licht	Light	**leit**
Liebe	Love	**lahf**
Lied	Song	**ssohng**
Linie	Line	**lein**
Links	Left	**left**
Liste	List	**list**
Loch	Hole	**hohl**
Löffel	Spoon	**sspuhn**
Lösung	Solution	**ssohluhschen**
Luxus	Luxury	**lackschurie**

M

Mädchen	Girl	görl
Mahlzeit	Meal	miel
Manchmal	Sometimes	sammteims
Mann	Man	männ
Material	Material	mettierial
Marktplatz	Market Place	market plehs
Medikamente	Medicine	medissen
Meer	Sea	Ssie
Menge	Amount	emaunt
Merken	Remember	riemember
Messer	Knife	neif
Meter	Meter	mieter
Metzger	Butcher	buttscher
Mieten	Hire	heier
Mietwagen	Rental Car	rentel kar
Mild	Mild	meild
Minute	Minute	minnit
Missverständnis	Misunderstanding	missanderstending
Mitmachen	Join	dscheun
Mittag	Noon	nuhn
Mittagessen	Lunch	lansch
Mittwoch	Wednesday	wennsdeh
Monat	Month	manns
Montag	Monday	manndeh
Morgen (der)	Morning	morning
Morgen	Tomorrow	tuhmorroh
Müll	Rubbish	rabbisch
Museum	Museum	mjusieum
Musik	Music	mjusik

Nachmittag	Afternoon	**afternuhn**
Nachname	Surname	**ssörnehm**
Nachricht	Message	**mässätsch**
Nachrichten	News	**njüs**
Nächste(r)(s)	Next	**next**
Nacht	Night	**neiht**
Nachweis	Proof	**pruhf**
Nah	Near	**nier**
Name	Name	**nehm**
Nationalität	Nationality	**näschenälitie**
Neben	Near to	**nier to**
Nehmen	Take	**tehk**
Nein	No	**no**
Nervös	Nervous	**nörwes**
Nett	Nice	**neiss**
Neu	New	**njü**
Neugierig	Curious	**küriejes**
Nichtrauchen	Non-Smoking	**nonn smohking**
Nichts	Nothing	**nassing**
Norden	North	**norss**
Normal	Normal	**normel**
Notausgang	Emergency exit	**iemördschenssie exit**
Notfall	Emergency	**iemördschenssie**
Notiz	Note	**noht**
Notwendig	Necessary	**nessesserie**
Nummer	Number	**namber**
Nur	Only	**ohnlie**
Nützlich	Useful	**jusfull**
Nutzlos	Useless	**jusless**

Oben	Top	**top**
Oberfläche	Surface	**ssörfehs**
Objektiv	Objectively	**objektifflie**
Obligatorisch	Compulsory	**kompalssorie**
Obst	Fruit	**fruht**
Oder	Or	**or**
Offen	Open	**ohpen**
Öffentlich	Public	**pablik**
Öffentliche Verkehrsmittel	Public Transport	**pablik transport**
Öffnungszeiten	Opening Hours	**opening auers**
Öffnen	Open	**ohpen**
Oft	Often	**offen**
Ohne	Without	**wissaut**
Ohnmächtig	Unconscious	**ankonsches**
Ohr	Ear	**ier**
Öl	Oil	**eul**
Optiker	Optician	**optischen**
Optimal	Optimum	**optiemem**
Ordentlich	Tidy	**teidie**
Ordnung	Order	**order**
Organe	Organs	**orgens**
Orginal	Original	**oridschenel**
Orientierung	Orientation	**orjentehschen**
Ort	Place	**plehs**
Osten	East	**iehst**
Ostern	Easter	**iester**
Österreich	Austria	**orstrieja**
Ozean	Ocean	**ohschen**

P

Paket	Package	**pecketsch**
Papier	Paper	**pehper**
Papiere	Documents	**dokjuments**
Park	Park	**park**
Parkplatz	Car Park	**kar park**
Passagier	Passenger	**pessenscher**
Pause	Break	**brehk**
Peinlich	Embarrassing	**emberressing**
Pension	Bed and Breakfast	**bett end bräckfest**
Personen	People	**piepel**
Personalausweis	ID	**Ei Die**
Pfeffer	Pepper	**pepper**
Pflaster	Plaster	**plahster**
Pfund	Pound	**paund**
Polizei	Police	**pohlies**
Portemonnaie	Purse	**pörs**
Post	Post Office	**pohst offis**
Postleitzahl	Postcode	**pohstkoht**
Preis	Price	**preis**
Preisermäßigung	Price Reduction	**preis riedackschen**
Privat	Private	**preiwet**
Probieren	Try	**trei**
Prospekt	Brochure	**broschohr**
Pünktlich	On time	**on teim**

Q

Qualität	Quality	**qualetie**
Quittung	Receipt	**rehsiet**

R

Rabatt	Discount	diskaunt
Radio	Radio	rehdio
Rat	Advice	edweis
Rauchen	Smoking	smohking
Rechnung	Bill	bill
Recht	Right	reit
Rechts	Right	reit
Redensart	Expression	expreschen
Regen	Rain	rehn
Regenschirm	Umbrella	ambrella
Regierung	Government	gawernment
Reihe	Row	roh
Reinigung	Cleaning	kliening
Reisebüro	Travel Agent	trewell ehdschent
Reisepass	Passport	pahsport
Reiseveranstalter	Tour Operator	tur operehtor
Reklamieren	Complain	komplehn
Reparieren	Repair	riepehr
Reservierung	Reservation	reserwehschen
Restaurant	Restaurant	restaurant
Richtig	Right	reit
Riechen	Smell	smell
Rock	Skirt	skört
Rolltreppe	Escalator	eskälehter
Rot	Red	räd
Rückerstatten	Refund	riefand
Rucksack	Backpack	beckpeck
Rückwärts	Backwards	beckwords
Ruhig	Quiet	kweit

S

Saft	Juice	dschuhs
Sagen	Say	sseh
Sahne	Cream	kriem
Saison	Season	ssiesen
Salat	Salad	sselläd
Salz	Salt	ssolt
Samstag	Saturday	ssetterdeh
Sauber	Clean	klien
Sauer	Sour	ssauer
Schaden	Damage	demedsch
Schädlich	Harmful	harmfull
Schauen	Look	luck
Scheck	Cheque	scheck
Schlafen	Sleep	sliehp
Schluss	End	end
Schlüssel	Key	kie
Schmerz	Pain	pehn
Schmuck	Jewellery	juhllerie
Schmutzig	Dirty	dörtie
Schnell	Fast	fahst
Schokolade	Chocolate	schoklet
Schön	Beautiful	bjuhtieful
Schreiben	Write	reit
Schüchtern	Shy	schei
Schuhe	Shoes	schuhs
Schwarz	Black	bleck
Schwimmen	Swimming	swimming
See	Lake	lehk
Sehen	See	ssie

Sehenswürdig-keiten	Sights	sseits
Seife	Soap	ssohp
Selbstbedienung	Self-Service	sself-sserwiss
Selten	Rare	rehr
Senioren	Senior Citizens	ssiehnjohr ssitissehns
Sitz	Seat	ssieht
Sohn	Son	ssan
Sonne	Sun	ssan
Sonnencreme	Suncream	ssankriem
Sonntag	Sunday	ssandeh
Spaß	Fun	fann
Spät	Late	leht
Speisekarte	Menu	männju
Spiegel	Mirror	mirrohr
Spielplatz	Playground	plehgraund
Spielzeug	Toys	teus
Sport	Sport	ssport
Sprache	Language	lengwitsch
Sprechen	Speak	sspiek
Stadt	Town	taun
Start	Start	sstart
Stiefel	Boot	buht
Stift	Pen	penn
Straße	Street	sstriet
Straßenbahn	Tram	trämm
Stück	Piece	piess
Student	Student	sstjudent
Stuhl	Chair	schehr
Supermarkt	Supermarket	supermarket
Süden	South	ssauss
Süß	Sweet	swiet

Tag	Day	**deh**
Täglich	Daily	**dehlie**
Tankstelle	Petrol Station	**petrol sstehschen**
Tasche	Bag	**bäg**
Taschenlampe	Torch	**tortsch**
Taschenrechner	Calculator	**kalkjulehter**
Tasse	Cup	**kapp**
Taxi	Cab	**käb**
Tee	Tea	**tie**
Telefon	Telephone	**tellefohn**
Telefonieren	Call	**korl**
Teller	Plate	**pleht**
Temperatur	Temperature	**tempretscher**
Teuer	Expensive	**expensif**
Theater	Theater	**ssieätter**
Tier	Animal	**enimmel**
Tisch	Table	**tehbel**
Tochter	Daughter	**dorter**
Toilette	Toilet	**teulet**
Tourist	Tourist	**turist**
Touristen-information	Tourist Information	**turist informehschen**
Tradition	Tradition	**trädischen**
Treppe	Stairs	**sstehrs**
Trinken	Drink	**drink**
Trinkgeld	Tip	**tip**
Trocknen	Dry	**drei**
Tür	Door	**dohr**
Tüte	Bag	**bäg**
Typisch	Typical	**tippikal**

U

U-Bahn	Underground	**andergraund**
Üben	Practice	**precktiss**
Überfall	Attack	**ätteck**
Übermorgen	Day after tomorrow	**deh after tumorroh**
Übernachtung mit Früchstück	Bed and Breakfast	**bed end bräckfest**
Übersetzen	Translate	**tränsleht**
Überraschung	Surprise	**ssürpreis**
Übersehen	Overlook	**owerluck**
Übrig	Left	**left**
Uhr	Clock	**klock**
Umgebung	Surroundings	**ssuraundings**
Umsonst	Free	**frie**
Umtausch	Exchange	**exschehnsch**
Unabhängig	Independent	**independent**
Und	And	**end**
Unecht	Fake	**fehk**
Unfall	Accident	**äckssiedent**
Ungewöhnlich	Unusual	**anjuschual**
Unglücklich	Unhappy	**anheppie**
Ungültig	Invalid	**inwelidd**
Unmöglich	Impossible	**impossibel**
Unordentlich	Untidy	**anteidie**
Unterhaltung	Entertainment	**entertehnment**
Unterkunft	Accommodation	**äckohmodehschen**
Unterschied	Difference	**differens**
Unterschrift	Signature	**ssignetschör**
Unvollständig	Incomplete	**inkompliet**
Unzufrieden	Dissatisfied	**dissettisfeit**
Urlaub	Holiday	**hollideh**

Vater	Dad	**dett**
Verabredung	Date	**deht**
Veranstaltung	Event	**iehvent**
Verantwortlich	Responsible	**ressponsibel**
Verboten	Not allowed	**nott ällaud**
Verfallsdatum	Use by date	**jus bei deht**
Vergangenheit	Past	**pahst**
Verheiratet	Married	**mehrried**
Verkaufen	Sell	**säll**
Verkäufer	Shop Assistant	**shopp ässisstent**
Verlobt	Engaged	**engehtscht**
Verloren	Lost	**losst**
Vermieten	Rent	**rent**
Vermissen	Miss	**miss**
Verschieden	Different	**different**
Versicherung	Insurance	**inschurens**
Verspätung	Delay	**dieleh**
Vertrag	Contract	**kontrekt**
Verwenden	Use	**jus**
Verzeihung	Pardon me	**pahrden mie**
Viel	A Lot	**eh lott**
Vielleicht	Maybe	**mehbie**
Visum	Visa	**viesa**
Vorhin	Earlier	**örlier**
Vormittag	Morning	**morning**
Vorname	First Name	**först nehm**
Vorschrift	Rule	**ruhl**
Vorsichtig	Careful	**kehrfull**
Vorspeise	Starter	**sstarter**

W

Wach	Awake	**äwehg**
Wald	Forest	**vorrest**
Währung	Currency	**köhrenssie**
Wann?	When?	**wenn**
Warm	Warm	**worm**
Warten	Wait	**weht**
Warum?	Why?	**wei**
Was?	What?	**wot**
Waschen	Wash	**wosch**
Wasser	Water	**woter**
WC	Toilet	**teulet**
Wechseln	Change	**tschensch**
Wechselkurs	Exchange Rate	**exschensch reht**
Weg	Way	**weh**
Weit	Far	**fahr**
Wenig	A Little	**eh littel**
Wer?	Who?	**hu**
Westen	West	**west**
Wetter	Weather	**wässer**
Wir	We	**wie**
Wie?	How?	**hau**
Wo?	Where?	**wer**
Woche	Week	**wiek**
Wochenende	Weekend	**wiekend**
Wohnen	Live	**liff**
Wohnung	Flat	**flät**
Wohnwagen	Caravan	**kerawän**
Wort	Word	**wörd**
Wörterbuch	Dictionary	**dikschenerie**

Z

Zahl	Number	namber
Zahlen	Pay	peh
Zahlung	Payment	pehment
Zahnarzt	Dentist	dentist
Zahnschmerzen	Tooth Ache	tuhs ehk
Zeigen	Show	schoh
Zeit	Time	teim
Zeitschrift	Magazine	meggasin
Zeitung	Newspaper	njuspehper
Zeitunterschied	Time Difference	teim differens
Zentrum	Centre	ssenter
Zeuge	Witness	wittness
Zimmer	Room	ruhm
Zoll	Customs	kastems
Zufrieden	Satisfied	ssettisfeit
Zug	Train	trehn
Zukunft	Future	fjutscher
Zusammen	Together	tugesser
Zusätzlich	Additional	äddischenel
Zuschlag	Surcharge	sörtscharsch
Zusehen	Watch	wotsch
Zustand	Condition	kondischen
Zuständig	Responsible	responsibel
Zweck	Purpose	pörpes
Zwei	Two	tu

A

A Little	eh littel	Wenig
A Lot	eh lott	Viel
Accident	äckssiedent	Unfall
Accommodation	äckohmodehschen	Unterkunft
Adapter	adapter	Adapter
Additional	äddischenel	Zusätzlich
Address	äddress	Adresse
Admission	edmischen	Eintritt
Adult	ädalt	Erwachsener
Advice	edweis	Rat
Afternoon	afternuhn	Nachmittag
Airconditioning	erkondischening	Klimaanlage
Airplane	erplehn	Flugzeug
Allergy	ellerdschie	Allergie
Alone	ällohn	Allein
Altogether	oltugesser	Insgesamt
Always	olwehs	Immer
Amount	emaunt	Menge
And	end	Und
Animal	enimmel	Tier
Any	ännie	Irgendeins
Area	eria	Gegend
Arrival	ehreiwel	Ankunft
Attack	ätteck	Überfall
Austria	orstrieja	Österreich
Awake	äwehg	Wach

B

Baby	**bebie**	Baby
Backpack	**beckpeck**	Rucksack
Backwards	**beckwords**	Rückwärts
Bag	**bäg**	Tasche
Bag	**bäg**	Tüte
Bakery	**behkerie**	Bäckerei
Balcony	**belkohnie**	Balkon
Bank	**benk**	Bank (Sparkasse)
Bath	**bahs**	Bad
Battery	**betterie**	Batterie
Beautiful	**bjuhtieful**	Schön
Bed and Breakfast	**bed end bräckfest**	Übernachtung mit Früchstück
Bed and Breakfast	**bett end bräckfest**	Pension
Bell	**bell**	Klingel
Bicycle	**beissickel**	Fahrrad
Big	**big**	Groß
Bill	**bill**	Rechnung
Birthday	**börsdeh**	Geburtstag
Black	**bleck**	Schwarz
Blanket	**blähnkett**	Decke
Book Store	**buck sstohr**	Buchladen
Boot	**buht**	Stiefel
Boring	**bohring**	Langweilig
Born	**born**	Geboren
Borrow	**borroh**	Leihen
Boss	**boss**	Chef
Bottel Opener	**bottel opener**	Flaschenöffner
Bottle	**bottel**	Flasche
Boy	**boi**	Junge

Break	brehk	Pause
Breakfast	bräckfest	Frühstück
Brochure	broschohr	Prospekt
Broken	brohken	Kaputt
Brother	brasser	Bruder
Building	bilding	Gebäude
Bus	bass	Bus
Butcher	buttscher	Metzger
Buy	bei	Kaufen

C

Cab	käb	Taxi
Café	café	Café
Calculator	kalkjulehter	Taschenrechner
Calender	kelendar	Kalender
Call	korl	Telefonieren
Camp Ground	kemp graund	Campingplatz
Candle	Kenndel	Kerze
Car	kar	Auto
Car Park	kar park	Parkplatz
Caravan	kerawän	Wohnwagen
Careful	kehrfull	Vorsichtig
Cash	kesch	Bar (bezahlen)
Centre	ssenter	Zentrum
Century	ssentjurie	Jahrhundert
Chair	schehr	Stuhl
Change	tschensch	Wechseln
Charge	dscharsch	Gebühr
Chemist	kämmist	Drogerie
Cheque	scheck	Scheck

Child	scheilt	Kind
Children	schildren	Kinder
Chocolate	schoklet	Schokolade
Church	tschörtsch	Kirche
Class	klahs	Klasse
Clean	klien	Sauber
Cleaning	kliening	Reinigung
Clock	klock	Uhr
Closed	klohst	Geschlossen
Cold	kohlt	Kalt
Colour	kallor	Farbe
Complain	komplehn	Reklamieren
Complaint	kommplehnt	Beschwerde
Compulsory	kompalssorie	Obligatorisch
Concession	konseschens	Ermäßigung
Condition	kondischen	Zustand
Content	kontent	Inhalt
Contract	kontrekt	Vertrag
Conversation	konwersehschen	Gespräch
Corkscrew	korkskru	Korkenzieher
Corner	korner	Ecke
Country	kantrie	Land
Course	kohrs	Kurs
Cream	kriem	Sahne
Credit Card	kreditkard	Kreditkarte
Crockery	krockerie	Geschirr
Cup	kapp	Tasse
Curious	küriejes	Neugierig
Currency	köhrenssie	Währung
Customer	kastemer	Kunde
Customs	kastems	Zoll
Cutlery	katlerie	Besteck

D

Dad	dett	Vater
Daily	dehlie	Täglich
Damage	demedsch	Schaden
Danger	dehnscher	Gefahr
Dark	dark	Dunkel
Date	deht	Verabredung
Date	deht	Datum
Daughter	dorter	Tochter
Day	deh	Tag
Day after tomorrow	deh after tumorroh	Übermorgen
Decide	diesseit	Entscheiden
Delay	dieleh	Verspätung
Dentist	dentist	Zahnarzt
Department	diepartment	Abteilung
Departure	diepartschör	Abfahrt/Abflug
Dessert	diesört	Dessert
Dictionary	dikschenerie	Wörterbuch
Diesel	diesel	Diesel
Difference	differens	Unterschied
Different	different	Verschieden
Dinner	dinner	Abendessen
Direct	deirekt	Direkt
Dirty	dörtie	Schmutzig
Disabled	disehbelt	Behindert
Discount	diskaunt	Rabatt
Doctor	doktor	Arzt
Documents	dokjuments	Papiere
Door	dohr	Tür
Drink	drink	Trinken

Drinks	**drinks**	Getränke
Drive	**dreif**	Fahren
Driving Licence	**dreiwing leissens**	Führerschein
Dry	**drei**	Trocknen
Duck	**Dack**	Ente

E

Ear	**ier**	Ohr
Earlier	**örlier**	Vorhin
Early	**öhrlie**	Früh
East	**iehst**	Osten
Easter	**iester**	Ostern
Easy	**iesie**	Einfach
Eat	**ieht**	Essen
Embarrassing	**emberressing**	Peinlich
Emergency	**iemördschenssie**	Notfall
Emergency exit	**iemördschenssie exit**	Notausgang
Empty	**emptie**	Leer
End	**end**	Schluss
End	**end**	Ende
Engaged	**engehtscht**	Verlobt
England	**inglend**	England
English	**inglisch**	Englisch
Entertainment	**entertehnment**	Unterhaltung
Entrance	**enträns**	Eingang
Escalator	**eskälehter**	Rolltreppe
Euro	**juro**	Euro
Evening	**iewening**	Abend
Event	**iehvent**	Veranstaltung
Example	**exahmpel**	Beispiel

Exchange	exschehnsch	Umtausch
Exchange Rate	exschensch reht	Wechselkurs
Excursion	exkörschen	Ausflug
Exhibition	exhebischen	Ausstellung
Exit	exit	Ausgang
Expensive	expensif	Teuer
Experience	eckspieriejens	Erfahrung
Expression	expreschen	Redensart

F

Fake	fehk	Unecht
Family	femelie	Familie
Far	fahr	Weit
Fast	fahst	Schnell
Find out	feind aut	Informieren
First	först	Erste/r/s
First Name	först nehm	Vorname
Fish	fisch	Fisch
Flat	flät	Wohnung
Floor	flohr	Etage
Food	fuhd	Essen (das)
Forest	vorrest	Wald
Fork	vork	Gabel
Free	frie	Umsonst
Free	frie	Kostenlos
Friday	freideh	Freitag
Fridge	fridsch	Kühlschrank
Friend	fränd	Freund/in (allg.)
Fruit	fruht	Obst
Fun	fann	Spaß

Future	**fjutscher**	Zukunft

G

Garden	**garden**	Garten
Gate	**geht**	Flugsteig
German	**dschörmen**	Deutsch
Germany	**dschörmenie**	Deutschland
Girl	**görl**	Mädchen
Glass	**glas**	Glas
Glasses	**glahses**	Brille
Good Bye	**gudd bei**	Auf Wiedersehen
Government	**gawernment**	Regierung
Granddaughter	**gränddorter**	Enkelin
Grandson	**grändssan**	Enkel
Ground Floor	**graund flohr**	Erdgeschoss
Group	**gruhp**	Gruppe
Guest	**gest**	Gast
Gym	**dschim**	Fitnesscenter

Hairbrush	**hehrbrasch**	Haarbürste
Hairdresser	**hehrdresser**	Friseur
Hairdryer	**hehrdreier**	Haartrockner
Half	**hahf**	Hälfte
Hand Luggage	**händ laggitsch**	Handgepäck
Handbag	**händbäg**	Handtasche
Hard	**hard**	Hart
Harmful	**harmfull**	Schädlich
Have	**häff**	Haben
Headache	**hedegg**	Kopfschmerzen
Heating	**hieting**	Heizung
Hello	**hello**	Hallo
Help	**help**	Hilfe
Here	**hier**	Hier
High	**hei**	Hoch
Hire	**heier**	Mieten
Hold	**hold**	Halten
Hole	**hohl**	Loch
Holiday	**hollideh**	Ferien
Hope	**Hohp**	Hoffen
Hospital	**hospitel**	Krankenhaus
Hot	**hott**	Heiß
Hotel	**hotel**	Hotel
House	**haus**	Haus
How?	**hau**	Wie?
Hunger	**hanger**	Hunger
Hungry	**hangrie**	Hungrig
Husband	**hassbänd**	Ehemann

I	ei	Ich
ID	ei die	Personalausweis
Idea	eidia	Idee
Impossible	impossibel	Unmöglich
Included	inkludet	Inbegriffen
Incorrect	inkorrekt	Inkorrekt
Independent	independent	Unabhängig
Information	informehschen	Information
Information	informehschen	Auskunft
Inside	insseit	Innen
Insurance	inschurens	Versicherung
Interesting	interresting	Interessant
Internet	internet	Internet
Invalid	inwelidd	Ungültig
Ireland	eierlend	Irland
Island	eilend	Insel

Jewellery	juhllerie	Schmuck
Job	dschobb	Beruf
Join	dscheun	Mitmachen
Juice	dschuhs	Saft

K

Keep	kiep	Behalten
Key	kie	Schlüssel
Kilometer	kilomieter	Kilometer
Knife	neif	Messer
Knock	nock	Klopfen
Know	no	Kennen

L

Lake	lehk	See
Lamp	lemp	Lampe
Land	lend	Landen
Language	lengwitsch	Sprache
Last	lahst	Letze(r)
Late	leht	Spät
Laugh	lahf	Lachen
Law	lohr	Gesetz
Learn	lörn	Lernen
Leaving	liewing	Abfahren/abreisen
Left	left	Übrig
Left	left	Links
Light	leit	Leicht
Light	leit	Licht
Light	leit	Hell
Line	lein	Linie
List	list	Liste
Live	liff	Wohnen
Live	liff	Leben
Location	lohkeschen	Lage

Long	**long**	Lang
Look	**luck**	Schauen
Lost	**losst**	Verloren
Love	**lahf**	Liebe
Luggage	**laggitsch**	Gepäck
Lunch	**lansch**	Mittagessen
Luxury	**Lackschurie**	Luxus

M

Magazine	**meggasin**	Zeitschrift
Main Course	**mehn kors**	Hauptspeise
Man	**männ**	Mann
Map	**mäpp**	Karte
Market Place	**market plehs**	Marktplatz
Married	**mehrried**	Verheiratet
Material	**mettierial**	Material
Maybe	**mehbie**	Vielleicht
Meal	**miel**	Mahlzeit
Meat	**miet**	Fleisch
Medicine	**medissen**	Medikamente
Menu	**männju**	Speisekarte
Message	**mässätsch**	Nachricht
Meter	**mieter**	Meter
Mild	**meild**	Mild
Minute	**minnit**	Minute
Mirror	**mirrohr**	Spiegel
Miss	**miss**	Vermissen
Mistake	**mistehk**	Fehler
Misunderstanding	**missanderstending**	Missverständnis
Mobile Phone	**mobeil fohn**	Handy

Monday	**manndeh**	Montag
Money	**mannie**	Geld
Month	**manns**	Monat
Morning	**morning**	Vormittag
Morning	**morning**	Morgen (der)
Mountain	**maunten**	Berg
Museum	**mjusieum**	Museum
Music	**mjusik**	Musik

N

Name	**nehm**	Name
Nationality	**näschenälitie**	Nationalität
Near	**nier**	Nah
Near to	**nier to**	Neben
Necessary	**nessesserie**	Notwendig
Nervous	**nörwes**	Nervös
New	**njü**	Neu
News	**njüs**	Nachrichten
Newspaper	**njuspehper**	Zeitung
Next	**next**	Nächste(r)(s)
Nice	**neiss**	Nett
Night	**neiht**	Nacht
No	**no**	Nein
Noise	**neus**	Lärm
Noise	**neus**	Geräusch
Noisy	**neusie**	Laut
Non-Smoking	**nonn smohking**	Nichtrauchen
Noon	**nuhn**	Mittag
Normal	**normel**	Normal
North	**norss**	Norden

Not allowed	**nott ällaud**	Verboten
Note	**noht**	Notiz
Nothing	**nassing**	Nichts
Notice	**nohtiss**	Bemerken
Now	**nau**	Jetzt
Number	**namber**	Zahl
Number	**namber**	Nummer

O

Objectively	**objektifflie**	Objektiv
Ocean	**ohschen**	Ozean
Often	**offen**	Oft
Oil	**eul**	Öl
On time	**on teim**	Pünktlich
One	**won**	Eins
Only	**ohnlie**	Nur
Open	**ohpen**	Offen
Open	**ohpen**	Öffnen
Opening Hours	**opening auers**	Öffnungszeiten
Optician	**optischen**	Optiker
Optimum	**optiemem**	Optimal
Or	**or**	Oder
Order	**order**	Ordnung
Orientation	**orjentehschen**	Orientierung
Original	**oridschenel**	Orginal
Outside	**autsseit**	Draußen
Overlook	**owerluck**	Übersehen
Owner	**ohner**	Inhaber

Package	**pecketsch**	Paket
Pain	**pehn**	Schmerz
Paper	**pehper**	Papier
Pardon me	**pahrden mie**	Verzeihung
Park	**park**	Park
Passenger	**pessenscher**	Passagier
Passport	**pahsport**	Reisepass
Past	**pahst**	Vergangenheit
Pay	**peh**	Zahlen
Pay	**peh**	Bezahlen
Payment	**pehment**	Zahlung
Pen	**penn**	Stift
People	**piepel**	Personen
People	**piepel**	Leute
Pepper	**pepper**	Pfeffer
Petrol	**petrol**	Benzin
Petrol Station	**petrol sstehschen**	Tankstelle
Pharmacy	**farmessie**	Apotheke
Pick up	**pick ab**	Abholen
Piece	**piess**	Stück
Pillow	**pilloh**	Kissen
Place	**plehs**	Ort
Plaster	**plahster**	Pflaster
Plate	**pleht**	Teller
Platform	**plettform**	Bahnsteig
Playground	**plehgraund**	Spielplatz
Please	**plies**	Bitte
Police	**pohlies**	Polizei
Post Office	**pohst offis**	Post

Postcard	**postkart**	Ansichtskarte
Postcode	**pohstkoht**	Postleitzahl
Pound	**paund**	Pfund
Practice	**precktiss**	Üben
Present	**present**	Geschenk
Pretty	**prittie**	Hübsch
Price	**preis**	Preis
Price Reduction	**preis riedackschen**	Preisermäßigung
Private	**preiwet**	Privat
Proof	**pruhf**	Nachweis
Pub	**papp**	Kneipe
Public	**pablik**	Öffentlich
Public Holiday	**pablik hollideh**	Feiertag
Public Transport	**pablik transport**	Öffentliche Ver-kehrsmittel
Purpose	**pörpes**	Zweck
Purse	**pörs**	Portemonnaie
Push	**pusch**	Drücken

Q

Quality	**qualetie**	Qualität
Question	**kwestschen**	Frage
Quiet	**kweit**	Ruhig
Quite	**kweit**	Leise

Radio	rehdio	Radio
Rain	rehn	Regen
Rare	rehr	Selten
Read	ried	Lesen
Ready	reddie	Fertig
Real Estate	riel essteht	Immobilien
Receipt	rehsiet	Quittung
Reception	riesseptschen	Empfang
Recommend	reckommend	Empfehlen
Red	räd	Rot
Refund	riefand	Rückerstatten
Remember	riemember	Merken
Remove	riemuhf	Entfernen
Rent	rent	Vermieten
Rental Car	rentel kar	Mietwagen
Repair	riepehr	Reparieren
Reservation	reserwehschen	Reservierung
Reservation	reserwehschen	Buchung
Responsible	responsibel	Zuständig
Responsible	ressponsibel	Verantwortlich
Restaurant	restaurant	Restaurant
Right	reit	Recht
Right	reit	Rechts
Right	reit	Richtig
Ring the bell	ring sä bell	Klingeln
Room	ruhm	Zimmer
Row	roh	Reihe
Rubbish	rabbisch	Müll
Rule	ruhl	Vorschrift

Salad	sselläd	Salat
Salt	ssolt	Salz
Satisfied	ssettisfeit	Zufrieden
Saturday	ssetterdeh	Samstag
Say	sseh	Sagen
Sea	ssie	Meer
Season	ssiesen	Saison
Seat	ssieht	Sitz
See	ssie	Sehen
Self-Service	sself-sserwiss	Selbstbedienung
Sell	säll	Verkaufen
Senior Citizens	ssiehnjohr ssitissehns	Senioren
Shoes	schuhs	Schuhe
Shop	schop	Geschäft
Shop Assistant	shopp ässisstent	Verkäufer
Shopping	schopping	Einkaufen
Shopping Mall	schopping mol	Einkaufszentrum
Show	schoh	Zeigen
Shower	schauer	Dusche
Shy	schei	Schüchtern
Sights	sseits	Sehenswürdig-keiten
Signature	ssignetschör	Unterschrift
Single	ssingel	Alleinstehend
Size	sseiss	Größe
Skirt	skört	Rock
Sleep	sliehp	Schlafen
Slow	sloh	Langsam
Small Change	smol schensch	Kleingeld
Smell	smell	Riechen

Smell	smell	Geruch
Smile	smeil	Lächeln
Smoking	smohking	Rauchen
Soap	ssohp	Seife
Solution	ssohluhschen	Lösung
Somebody	ssammbodie	Jemand
Sometimes	sammteims	Manchmal
Somewhere	ssammwer	Irgendwo
Son	ssan	Sohn
Song	ssohng	Lied
Sore Throat	ssor sroht	Halsschmerzen
Sorry	ssorrie	Entschuldigung
Sour	ssauer	Sauer
South	ssauss	Süden
Speak	sspiek	Sprechen
Speed	sspied	Geschwindigkeit
Spoon	sspuhn	Löffel
Sport	ssport	Sport
Stain	sstehn	Fleck
Stairs	sstehrs	Treppe
Stamps	sstemps	Briefmarken
Start	sstart	Start
Start	sstart	Beginn
Starter	sstarter	Vorspeise
Stomach Ache	sstomeck ehk	Bauchschmerzen
Stop	sstop	Halt
Stop	sstop	Aufhören
Straight ahead	sstreht ähett	Geradeaus
Street	sstriet	Straße
Student	sstjudent	Student
Suitcase	ssuhtkehs	Koffer
Sun	ssan	Sonne

Suncream	ssankriem	Sonnencreme
Sunday	ssandeh	Sonntag
Supermarket	supermarket	Supermarkt
Surcharge	sörtscharsch	Zuschlag
Surface	ssörfehs	Oberfläche
Surname	ssörnehm	Nachname
Surprise	ssürpreis	Überraschung
Surroundings	ssuraundings	Umgebung
Sweet	swiet	Süß
Swimming	swimming	Schwimmen

T

Table	tehbel	Tisch
Take	tehk	Nehmen
Tea	tie	Tee
Telephone	tellefohn	Telefon
Temperature	tempretscher	Temperatur
Thank you	sehnk ju	Danke
Theater	ssieätter	Theater
Thirst	ssörst	Durst
Three	srie	Drei
Thursday	sörsdeh	Donnerstag
Ticket	ticket	Fahrschein
Tidy	teidie	Ordentlich
Till	till	Kasse
Time	teim	Zeit
Time Difference	teim differens	Zeitunterschied
Timetable	teimtebel	Fahrplan
Tin Opener	tin opener	Dosenöffner
Tip	tip	Trinkgeld

Today	tudeh	Heute
Together	tugesser	Zusammen
Toilet	teulet	WC
Toilet	teulet	Toilette
Tomorrow	tuhmorroh	Morgen
Tooth Ache	tuhs ehk	Zahnschmerzen
Top	top	Oben
Torch	tortsch	Taschenlampe
Tour Operator	tur operehtor	Reiseveranstalter
Tourist	turist	Tourist
Tourist Information	turist informehschen	Toristeninformation
Towel	tauel	Handtuch
Town	taun	Stadt
Town Centre	taun ssenter	Innenstadt
Toys	teus	Spielzeug
Tradition	trädischen	Tradition
Traffic Light	träffik leit	Ampel
Train	trehn	Zug
Train Station	trehn sstehschen	Bahnhof
Tram	trämm	Straßenbahn
Translate	tränsleht	Übersetzen
Travel Agent	trewell ehdschent	Reisebüro
Trousers	trausers	Hose
Try	trei	Probieren
Tuesday	tjussdeh	Dienstag
TV	tiewie	Fernseher
Two	tu	Zwei
Typical	tippikal	Typisch

U

Umbrella	**ambrella**	Regenschirm
Unconscious	**ankonsches**	Ohnmächtig
Underground	**andergraund**	U-Bahn
Unhappy	**anheppie**	Unglücklich
Untidy	**anteidie**	Unordentlich
Unusual	**anjuschual**	Ungewöhnlich
Urgent	**örgent**	Dringend
Use	**jus**	Verwenden
Use	**juhs**	Benutzen
Use by date	**jus bei deht**	Verfallsdatum
Useful	**jusfull**	Nützlich
Useless	**jusless**	Nutzlos

V

Vegetable	**wetschtäbel**	Gemüse
Village	**willetsch**	Dorf
Visa	**viesa**	Visum

W

Wait	**weht**	Warten
Warm	**worm**	Warm
Wash	**wosch**	Waschen
Watch	**wotsch**	Zusehen
Water	**woter**	Wasser
Way	**weh**	Weg
We	**wie**	Wir

Weather	wässer	Wetter
Wednesday	wennsdeh	Mittwoch
Week	wiek	Woche
Weekend	wiekend	Wochenende
West	west	Westen
What?	wot	Was?
When?	wenn	Wann?
Where?	wer	Wo?
Who?	hu	Wer?
Why?	wei	Warum?
Wife	weif	Ehefrau
Window	windoh	Fenster
Without	wissaut	Ohne
Witness	wittness	Zeuge
Word	wörd	Wort
Work	wörk	Arbeit
Write	reit	Schreiben
Write down	reit daun	Aufschreiben
Wrong	rong	Falsch

Y

Year	jiehr	Jahr
Yes	jess	Ja
Yesterday	jesterdeh	Gestern
Young	jang	Jung

✎ EIN LETZTER TIP

Oftmals versteht man das geschriebene Wort besser als das gesprochene (besonders bei manchen Dialekten ... :). Falls Sie den englischen Gesprächspartner nicht verstehen, bitten Sie ihn oder sie die Antwort einfach aufzuschreiben.

Mit „Händen und Füßen" reden, hilft auch oft. Haben Sie keine Scheu, kommunizieren Sie mit allen Mitteln und Sie werden sehen, wie leicht man sich verständigen kann ...

Zeigen Sie ihrem englischsprachigen Gesprächspartner folgende Frage: (Das habe ich leider nicht verstanden. Könnten Sie es bitte aufschreiben? *Eim ssorrie, ei didnt anderstend sät. Kudd ju plies reit it daun vor mie?*)

I am sorry, I didn't understand that. Could you please write it down for me?
